太極太流行
Tai-Chi
Boxing

李章智◎著

未來書城

閱讀的革命

明日工作室成立之初，我曾出版了一本《媒體的未來》，預測未來媒體的發展方向。至今不過四年，大致的發展都如當初的預期。隨著網路與電腦的普及和發達，媒體的內容有更大更新的表現空間，人類的生活方式和吸收資訊的方式也愈來愈全球化。當九一一事件發生時，全世界幾乎都是同步目睹整個悲劇的發生，很多訊息事後雖然可以再製和整理，但媒體對人類生活撞擊的直接程度，已經超出我們以前可以想像的範圍。更不用說像網路的發言討論，幾乎取代了傳統媒體的發言位置，沒有人敢漠視網路行銷的力量，以及網路對文學發表形式的挑戰。

書也是一種媒體，這個傳統媒體受到衝撞之後，原本很多人預期會有電子書的出現，然而事實証明，人們還是選擇傳統的閱讀方式，書，很難以另一種全新的載體流通，因為我們生活中出現的媒體載具已經過多，有紙本書，有廣播，有電視電影，還有電腦和網路，幾乎包含了文字、圖像、聲音和影像，以現有的載具去吸收資訊，尚嫌不夠，如何能再學習並接納新的載具。以市場行銷而言，挑戰消費者的慣性本來就是一個十分困難的任務，更何況是一個習焉千百年的閱讀習慣。

人類的文明不斷的發展演進，知識的媒介和平台卻沒有相對應的大幅進步，原因何在？人們仍習慣從單一的平台吸取知識。但是電腦和網際網路的出現，對傳統紙本書確實產生莫大的挑戰，當你能夠輕易的同時以文字、影像和聲音來進行學習和傳播，人們還會只滿足於文字的構成嗎？

　　慣性的閱讀習慣，以及人們對媒體傳播方式的不滿足，看起來似乎互相矛盾，但其實這正是媒體發展的一個必然方向。也正是「多媒體書」這種新產品，應運而生的背景條件。

　　這種書的革命並不是要取代原來的傳統形式，而是在傳統的基礎上多元化，讓閱讀的包容性更強，可能性更大，從而創造出更豐富多采的內容。「多媒體書」不只是慣性裡認定的書，它同時讓內容更多樣和普及，讓不同平台上的人都能依自己的慣性去取得知識和美感。

　　所謂的「多媒體書」，它不違背原有的閱讀習慣，而是在原來的脈絡裡，加深閱讀的廣度和深度。以前人類學習知識和美感經驗，主要來自紙本書的傳播，然而現代人卻是從三種Display（顯示平台）去學習和觀賞，一種是Paper Display；一種是TV Display；另一種是Monitor Display，這三種平台幾乎囊括了現代人所有吸取資訊及知識的管道，單一的媒體平台不再能滿足人們對資訊補充和知識學習的需求。而這些不同

的 Display，彼此之間的關係，是同一主題的不同表達，也具有互相補充的功能，畢竟，媒體的發展趨勢是多元和互動，閱讀亦然。「多媒體書」便是以不同的平台來滿足不同族群對學習的需求，讓閱讀變得更生動，隨時隨地以自己喜歡的方式來進行。

而且「多媒體書」並不因為包容了不同的 Display 而有價格上的負擔，它基本上仍是一本書的大小、重量及價格，卻能讓讀者享受不同的平台轉換，習於紙本書的人可以選擇傳統的閱讀方式；喜歡影像閱讀的人可以在動態的影片裡學習知識；而經常使用電腦的人，也可以從互動的光碟裡得到豐富的內容。這是一種對傳統出版的「寧靜革命」。

媒體是人類溝通的工具，也是認識世界的方法，然而工具終究不能取代人們對學習和成長的渴望，工具為了服務和滿足人們的渴望而改進。我們的生活無時無刻不被媒體包圍，貼一篇自己寫的文章到網路上，或是一則街頭上的廣告；同步接收國際新聞，寰宇大事，或是欣賞一部文學鉅作。因為媒體的便利，生活在這個世代的人，比以往任何時代，具備了更好更多元的學習條件，也擁有更遼闊的世界。「多媒體書」不會是媒體發展的盡頭，但可以預見的是，它將再次帶來閱讀上的新革命。

太極太流行

目錄 CONTENTS

太極太流行

創造武學新紀元

　　歷史悠遠的中國武術，不但是最能代表我們中國文化的重要運動，能有一身絕世武功、行俠仗義、遊走江湖更是每個人小時候都有過的夢想。

　　說起我跟中國武術間的緣分，最早的開始是在國小三、四年級的時候。一開始我也只是抱著新鮮刺激、遊戲性質的跟著練，卻沒想到，這一練就練出了我對武術濃厚的興趣。也在這份熱情的驅使下，除了家傳的擒拿手之外，又陸續學了各種武術——像是戰拳、北少林長拳、陳氏太極拳等。

　　大學期間，便開始了我的武術教學，在國內擔任幾所大專院校武術社、企業公司與民間團體養生社團的指導老師。

　　同時我也接任了僑委會海外文化巡迴教師及華裔青年研習營的武術教師。在海內外教學的過程中，我深深的體會到東方養生術是世界未來的潮流，也感受到現代人生活在便利的環境中，身體健康指數卻每況愈下的現象。說到底，都是

李章智

因為運動不足的關係；也因此，興起了我寫本書的念頭。

　　武術比起其他運動更有價值的地方，在於學習武術不僅能夠強身健體，同時也是一種人格訓練，在學習過程中潛移默化地培養吃苦耐勞、自我挑戰、尊師重道等品格；因此，武術也是健全一個人的身心的教育，在不斷的學習中更能去體會武術對身、心、靈的全面影響，是一種全人的身心靈教育。

　　在這資訊發達的時代中，武術要發揚需要學術化以及國際化，這樣才能提昇武術水準與拓展中國武學的世界化，又必須有多元化的推廣方式，才能枝葉茂盛地開展，既有廣泛的群眾學習者又能有專業深入的人才。希望藉由這本書的力量，將中國傳統武術重新與現代生活結合，使太極拳（中國武術包含了太極拳）成為一種普及的全民運動，並吸引更多人才投入武學領域，共同創造武學新紀元。

開卷

本書使用方法

提起太極拳，相信每個人隨口都能聊上幾句。從小說裡那個說話擲地有聲、留著白白長鬍子的武當掌門張三豐，到電視影集裡古靈精怪的少年張君寶，不管你想到的是小說還是電視、電影，在那些高潮迭起的冒險故事中，太極拳除了威力是一方之霸，太極拳法內含的奧妙思想，更使這套拳法充滿了傳奇色彩，若沒有足夠的天份，就難以貫通。

很多人對太極拳的印象總在太極拳柔緩、圓融的象形動作上，看來看去好像都是相同的一套拳法。事實上，太極拳的種類與派別很多，像是陳氏、楊氏、吳氏太極拳等等，而各家門派的練功重點、拳法招式也不盡相同。由於太極拳法的動作許多是從對自然變化、萬物活動的觀察演變而來，高度意象化的拳法動作，雖使太極拳的動作起落具高度的藝術性及美感，但其鬆柔繁複的動作，也往往讓初學者望之卻步，失去學習的興趣。

其實，太極拳可說是中國武術史上的一個偉大創作。

它不僅結合了武術格鬥技巧與中國傳統的導引養生術，太極拳的內涵，也道出了中國思想中相當重要的「天人合一」的觀念。而從太極拳中衍生而出的順應自然、重視人與自然間關係平衡的養生思想，經過歷代的傳承與推廣，時下的太極拳已不僅是在中國流行最廣的養生功法，太極養生的風氣，也在世界不同的角落開始風行。

練習太極拳並不一定要按表操課，打完整套的拳譜。太極拳動作的原理是順應陰陽的自然規律，利用運拳的動作來調和身體機能，回復身心平衡的狀態，達成「動靜交相養，陰陽得其平」的效果。因此，只要把握太極拳的功法原則，就算只是簡單幾個動作，也能收到太極拳驚人的養生功效。

這本《太極太流行》的目的，就是要打破你過去對太極的印象，書中的文字說明簡單易懂，太極拳的動作也以直接有效改善身體狀態為目的，設計出不同單元。除了幫助一般人在極短的時間內對太極有初步的了解，也希望能

強化太極應用在生活中的功能，更進一步聯結太極拳與日常生活的關係。

太極拳能歷久不衰，並非只因他的傳統，更多的原因是他所帶來的文化價值、特色、生活態度，足足可見他不是一個老掉牙跟不上時代的產物，是個歷久彌新、不斷創新的珍寶。太極內蘊的陰陽哲理，也闡釋了人生處世上的道理，並開創了和諧的生活，瞭解太極拳，將會為你的生活帶來新的視野，同時也可以為自己的生活與健康加加油。

坐而言不如起而行。現在，就請你搭配DVD光碟裡中的動作示範，跟著背景音樂的節奏，一起進入太極的世界，體驗太極拳追求自然、平衡的養生之道！

你給我**3**分鐘，
我給你太極的世界！

中國是個重視養生的民族，各種療法種類眾多，
練功方法更是千變萬化。

所有的養生方法，
不外乎在「調息」、「調身」、「調心」三方面，
與中國傳統的陰陽學說、中醫經脈理論結合而成。

太極

開始運拳練功之前，首先我們先來了解太極的基本動作及理論。現在我們所知道的導引功法、氣功，是中國自古以來養生保健之術。中國是個重視養生的民族，各種療法種類眾多，練功方法更是千變萬化。不過，仔細分析各家心法後發現，其實所有的養生方法，不外乎在「調息」、「調身」、「調心」三方面，與中國傳統的陰陽學說、中醫經脈理論結合而成，甚至健身強體的武術也不離這些要素與原理。

不過，到底什麼是「調息」、「調身」與「調心」呢？

「調息」就是調整你呼吸的方式。「息」可以將動作分為吸、住、呼，加上長、短相配，就有長吸長呼、長吸短呼、短吸長呼等；也可以根據呼吸的方式分為腹式呼吸、胸式呼吸、順式呼吸、逆式呼吸、胎息、踵息等。

「調身」就是指身體的動作，動作則可分為不動與動二種。不動的動作裡又可再分為站、坐、臥三種；至於動的動作，就是我們一般可見的拳套。

　　至於「調心」，則進入精神意志，可以說是冥想或觀想，分成想與不想兩種。排除雜念，一念不起，一念不生的就是不想。但是，因為人不可能沒有思維，所以「不想」所指的是利用一個專注的意念，來排除其他的雜念。在「想」的部分，就是從人體的感官開始，藉著想像與身體感官對話，提高我們對身體變化的敏銳度。

　　了解中國養生方法的基本原則後，再回頭來看太極拳。太極拳在練習時，有陰、陽兩種練習方式──「柔行氣，剛落點」。呼吸方式是太極拳法一個很重要的要點，也可以說，呼吸與肢體動作的相互配合是中國武術的一大特色，而有別於其它強調力量的武術。太極拳最大的特色，就在其鬆緩圓柔的動作。由於太極拳動作的特性，長期練習下自然可使呼吸細勻深長，使肺部得到充足的氧氣，當血液充滿氧氣時，人體的新陳代謝率提高，自然充滿活力。

　　太極拳在練功時，必須配合人體骨骼架構，使身體保持最自然放鬆的狀態，如此一來，身體在活動中所受到的傷害可減到最低。學習如何使肌肉放鬆，以正確的姿勢使用身體，即使你在充滿壓力的環境中，也能保持筋骨舒暢，並調節在壓力下所造成的肌肉疲勞。至於太極拳法中獨特的「螺旋纏絲」動作，則藉由肢體螺旋旋轉的動作對血管施壓，加強體內血液的循環，加速體內新陳代謝。

呼呼哈吸

提神醒腦的神奇腹部呼吸法

　　中國武術分內功、外功，可以見到的拳法招式都是外功的範疇，但是從不少小說的描寫中我們可以知道，真正的高手高手高高手的武功常常是化於無形的，而幫助他們掌握這些武術動作的關鍵，就在每個門派不外傳的內功心法上。而這充滿神奇戲劇化效果、無法從外表判斷高下的內功，其實也就是指如何利用呼吸引流來幫助體內能量循環的方法。

　　進入太極拳的動作練習之前，必須先學習如何配合拳法呼吸，呼吸的方式是幫助你掌握動作速度、力度的一個要素。腹部呼吸法可以輕鬆的透過呼吸，將身體的能量帶出，並且活化體內的細胞，在練拳時自然帶動拳法節奏。最好的呼吸練習是平躺在床上，平躺的狀態可以幫助你感受氣流進入身體之後，在體內造成的對流。每天只需要練習15分鐘，相信十天後在身體健康、情緒控制等方面就會有深刻的感受。

腹部呼吸的方法就是要細、勻、深、長。

「細」就是呼吸要徐緩，因為呼吸徐緩可以強化副交感神經作用，使血壓下降，肌肉不緊張，精神放鬆。

「勻」是要求呼吸有規律及節奏，這能使身心達到協調，心神統一。

「深」就是要用橫膈膜呼吸，即採用腹式順呼吸，這樣可以使氣體充分到達肺部的有效腔，完成高效率的氧氣與二氧化碳氣體交換。

「長」的意思是氣能在體內有較久的停留，有充分的時間完成氣體交換。

人體中最耗費氧的部位就是腦神經細胞，細、勻、深、長的呼吸可以提供充分氧氣給腦部，促進腦神經細胞功能活化，可以達到全身血液活絡與腦部循環順暢的效果，腦部不缺氧自然就能預防健忘與痴呆。

若能在平時也保持呼吸細、勻、深、長，就是可以「氣沉丹田」。如此一來，便可做到「閉氣而生液，積液而生氣」，達到以呼吸溫補丹田的功效。久而久之氣色自然就顯得容顏光澤，肌膚充實，四體輕，神清氣爽。

舒筋緩骨

太極拳的基本姿勢

與其他在動作中表現力道的拳法不同，看似徐柔和緩的太極拳動作的原則是「鬆、柔、靜、美」，在出拳時，必須時刻注意放鬆身體的肌肉，才能真正藉由拳法達成促進身心的健康的功效。

那麼，什麼是「鬆、柔、靜、美」呢？

「鬆」就是放鬆身體與心情。

「柔」就是動作與呼吸都要柔和，但是又要做到柔中有力有規矩。

「靜」就是心情要能平靜，專心一致，這樣子氣自然就能周流於全身。

「美」就是當你達到「鬆、柔、靜」這三個原則時，你的舉手投足自然變得協調完美。

要達到這些要求，有一些動作要領必須了解，太極拳的基本姿勢大概有以下六點：

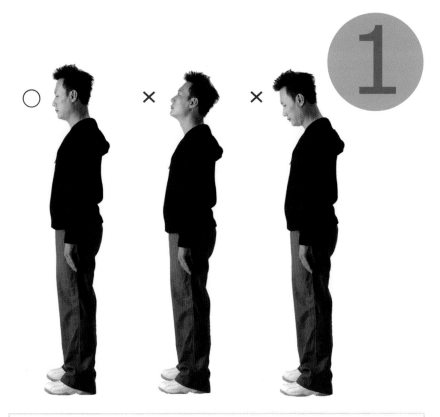

一、虛領（靈）頂勁

是說脖子與肩膀要放鬆；虛領是指頸椎要一節一節頂起來，頸椎放鬆，虛靈是指頭腦思緒不可以雜念紛飛，而頭頂像是有一根細絲，將頭部往上懸吊起來。脖子不放鬆，頭部轉動也就不靈活，進而影響全身的動作與協調度。如果頭頸的頂勁不能領起，那麼身體就會鬆垮塌陷，全身架構不能建立。虛靈頂勁能幫助動作正確地做到頭正頸直，而且又要不能僵硬或歪斜。

練習的時候雙眼平視，而下巴略收，下巴一收，則頸椎自然伸直，全身的血脈舒暢，並促進血液循環。頭上仰或頭下傾都是不可以的。

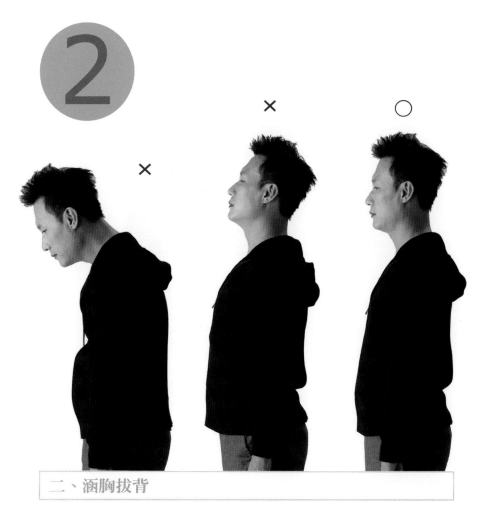

二、涵胸拔背

　　涵胸拔背可不是凹胸駝背。當初太極拳提出這個觀念的意義，是因為其他家拳法姿勢多為挺胸塌腰，因此提出涵胸拔背的說法來調整。不刻意挺胸就是所謂的涵胸，絕不是把胸部向內凹進來，而是要胸部自然舒張，如此一來呼吸自然順暢、空氣可輕易的到達腹部，而不是鬱滯胸口，造成呼吸不順；所謂拔背，並非把背脊拱起來，人體胸椎本來就是略微後曲，這使生理上保持身體的彈性張力，涵胸拔背的要求是前後相對應，讓身體充實飽滿，胸腔自然舒展，並且能練習通背之勁。

三、沉肩墜肘

　　「沉肩」是肩膀自然放鬆下沉，不須刻意用力，不聳肩，一聳肩就容易造成緊張、僵硬。「墜肘」是指彎曲手肘，太極拳中除了少數動作之外，其餘的動作，手肘都不會外開上翻，而是保持肘尖放鬆下垂的狀態，聳肩翻肘手肘一往外翻，肩膀就容易聳起，反而造成兩腋下的空門，一方面容易被攻擊、制服，一方面帶給肩膀壓力。

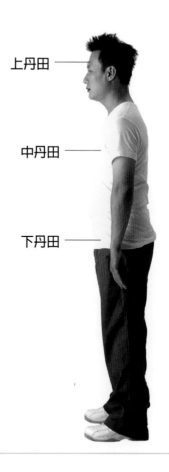

上丹田 ——

中丹田 ——

下丹田 ——

四、氣沉丹田

　　丹田的位置在肚臍之下4根手指左右的地方。而「丹田」的意思，「丹」指的是能量精華體，「田」是生產中心。一般所稱的丹田是指「下丹田」，「中丹田」位於心口膻中穴處，「上丹田」在兩眉心之間。前段介紹的腹式呼吸法，就是在吸氣時將炁下壓引入丹田，讓丹田自然鼓出；直到呼氣時再緩緩的將丹田之氣吐出，使腹部自然收回。丹田隨呼吸吐納張縮的同時，將氣體下壓至丹田帶動膈膜，能夠一起按摩肝臟、胰臟等器官，同時腹腔、盆腔的收縮運動也能夠促進大小腸的蠕動與體內的淋巴循環。

五、鬆腰活胯

　　腰為上下身的連接處，是上身與下半身協調的關鍵，也是勁力轉換發送的樞紐。胯是指人體前面大腿與骨盆腔接處，腰是指人體背後脊椎十四到十六椎處，前後要求動作能一致協調就是腰胯合一。古人說「腰如車輪」，是說腰要像車輪一樣靈活轉動，不可以死板僵硬。腰要活，同樣也要鬆，而且要注意胯，腰胯是一體的，胯會影響到下半身的運作，腿部行走的靈活度，「鬆腰活胯」能夠強化腎臟功能，使你做出來的是一連串流暢的動作，走路不會像機器人一樣僵硬。

六、虛實分明

　　練習太極拳，動作要虛實分明，說簡單一點就是重心的轉
換要明確，太極拳在練習時，要求動作快慢相間，陰陽配合，
這時候腳步的轉換很重要，要邁步如貓行，把重心明確的落在
左腳或右腳，這樣子對於人體的平衡感有很大的幫助，而且對
於膝蓋以及腿肌都有強化的功效，防止老化及強化肌耐力都很
有幫助。

促進循環

螺旋纏絲功法

　　想像一下太極的圖騰，就是象徵陰陽兩極的能量以螺旋方式交融的一個圓形。而太極拳法非常重要的一個動作原理，就是從這個螺旋方向的運動延伸出來的，也就是螺旋纏絲的功法。

　　在科學發達的現在，我們已經知道人體的許多結構，經常是以螺旋纏繞的方式組織，像是骨骼、肌肉，就連人體細胞中的DNA，就是以兩條鏈狀的基因交錯組成。因此，我們若是順著螺旋的方式來運動，很容易就可以將血液推擠到血管末端，輕鬆的促進血液與淋巴系統的循環，促進細胞吸收養分與進行排毒。

　　而作為武術，太極的螺旋纏絲動作也是一種能在最短的距離中，發揮最大力量的攻擊方式。螺旋纏絲其實就是一種以柔化剛、以虛納實，針對敵人的出招連消帶打的攻擊技巧。還記得小說或電視中的張三豐似守還攻、借力使力的神奇功夫嗎？那就是對戰時，太極拳以螺旋纏絲招數制敵的獨到之處！

　　在進行螺旋纏絲的動作時，第一步先將手掌向內旋，感受骨頭與骨頭相互交叉旋轉後，接著再延伸到整隻手臂的旋轉、兩隻手臂螺旋、腰胯的開合，兩腿的擰轉，身體的帶動，逐漸放大到全身與外界。

1234、2234

許你一個全新的
健康人生

1

四十歲還是一尾活龍

都說現在是網路時代，電腦跟網路除了工作之外，也象徵了生活的娛樂跟人際關係。想像一下沒有電腦、失去網路線的日子，教人要怎麼過啊！如果你對上面這段話也心有戚戚焉，站起來動一下看看，你的手啊腳啊腰啊腿啊，是不是已經緊到一個境界啦？肖年ㄟ，ㄟ注意啦！不要以為你還年輕，半夜拼CS打到肩膀石化，睡一覺起來還會是一尾活龍；若不注意保養，隨時站起來，甩甩手抖抖腳運動運動、喘口氣輕鬆一下，很快你就要跟你阿公阿嬤一起去排隊推拿筋骨酸痛囉！

好，廢話不多說，現在就試試這一系列，專門為了身體各種常見的酸痛症狀設計的養生拳法吧。別擔心，不一定要打完全套，現在酸哪裡就打哪式，保證有練有保佑，讓你耳聰目明、手腳伶俐，到四十歲還可以跟兒子組隊在CS的戰場上橫掃千軍，在戰火中培養父子倆堅定的情誼！

頭痛

第一式：摩運頭部

適用症狀◆一般頭痛、偏頭痛、宿醉
適用族群◆大腦的CPU經常同時進行多
　　　　　種程式又不得休息者

百會穴

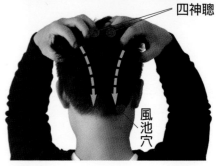

四神聰

風池穴

1 雙手五指分開，從前髮際畫到後髮際，經過督脈、太陽膀胱經、少陽膽經，同時以指腹輕柔按摩百會穴、四神聰、風池等穴位，共做18次。

② 兩手大拇指置於太陽穴，中指由眉心向上推抹
36下，再左右分推各18次。

3

兩手大拇指置於耳前，其餘四指成握拳狀，由額頭兩側處下劃到耳前各18次。兩手掌左右、左右對按6次，並在按時吸氣，鬆開時候吐氣。

合谷
（虎口）

4 右手食指與拇指對按左手虎口處穴道，按時吸氣，鬆開時候呼氣，左右各做9次。

原來如此

摩運頭部的動作能有效紓解頭部緊張的肌肉並促進血液循環，所以可以減緩頭痛並增強記憶力使人神清氣爽。

太極

太流行

頭痛

肩膀僵硬

適用症狀◆肩膀酸痛、僵硬
適用族群◆一天沒碰電腦就焦躁不安、
　　　　　渾身不對勁者

1 左右兩肩膀向前繞10次，
後繞10次。

② 雙腳微開與肩同寬，兩腳內側平行，一手在前，一手在後，掌心向上，後手倒捲前探，前手收回腰際，兩手交互替換共做30下。

原來如此

倒攆猴的動作能充分伸展肩膀整個肌肉群，防止肌肉因長時間僵硬循環不佳，造成肩膀肌肉黏連現象。

手腕酸痛

第三式：玉女穿梭

適用症狀◆手腕酸痛、肌腱發炎

適用族群◆沒電腦活不下去但又姿勢不
良者

1

兩腳併步，舌抵上
顎，雙手自然垂於
大腿外側。

2

膝蓋微彎，右手掌
搭左手腕。

3

左手逆時鐘轉掌，左腳橫跨一步成左玉女穿梭掌，重心後坐，雙手下履，重心左移右腳收回，左手搭右手腕，手腕轉掌，右腳跨出成右玉女穿梭掌，左右各做9次。

原來如此

旋腕按掌的動作能有
效的伸展手腕內側肌
肉群，減輕因長期使
用滑鼠、不良姿勢或
提重物對手腕帶來的
酸痛。

4

身體轉正收回，雙
手自然垂於兩側回
到預備式。

腰酸背痛

適用症狀◆腰酸背痛、胸口窒悶

適用族群◆能坐著絕對不站著、或是經
常要搬重物者

① 兩腳打開約兩肩寬，兩腳內側平行，雙手自
然垂於兩側，調整呼吸。

42

原來如此

這個動作要求脊椎節節貫通的動作，所以
能調整人體的脊椎與脊椎旁兩側的肌肉，
因為長期不良姿勢造成的腰酸背痛或是彎
腰駝背等問題，都能有效改善。

② 兩肩由後往前動，慢慢屈頭彎頸，向下彎曲胸椎。

3

繼續向下彎曲腰椎、薦椎，此時屈膝成馬步，雙手撐在膝蓋上。

4

再從薦椎、腰椎、胸椎、頸椎曲伸抬頭，牽引任脈，呼吸時意念放在丹田，並做3次提肛動作。

5

再配合呼吸，反方向動作拱
薦椎、腰椎、胸椎、頸椎，
自然站直，調整呼吸。

6 以上動作每天作 10 次即可，如果有不舒服的情況，把動
作幅度降低，次數減少。

腿酸腳麻

適用症狀◆腿部抽筋、腳麻
適用族群◆菸酒不忌、姿勢不良者

原來如此

長期久坐不動會造成人體下半
部血液循環不良，進而產生腳
酸腿麻。左右分腳的動作，能
強化腿力增加血液循環改善酸
痛也能訓練平衡感。

1 併步站立，舌抵上
顎，呼吸調勻。

48

② 吸氣時雙手由內往上向外畫圈，呼氣
時隨著手的動作，雙腿微曲下蹲。

3

吸氣時起身，抬左腳，
右腳獨立支撐身體保持
平衡。

4

緩緩將左腳蹬出，雙手
同時推出，維持10秒。

5 再將右腳收回成獨立勢。

6 曲左腿，出左腳成弓步，
雙手做雙風灌耳動作。

7

重心先後坐在右移，收回左腳，重複4～7的動作，唯方向相反，左右各做9次。

頸部僵硬

第六式：左顧右盼

適用症狀◆落枕、脖子僵硬

適用族群◆工作壓力大、睡姿不良、打
起字每每進入忘我之境者

1 頭部保持正直，吸氣時頭慢慢轉向左邊，
充分感覺右邊頸部肌肉群做到伸展。維持
這個姿勢約5秒，在呼氣緩緩的將頭轉正。

2 右邊重複一次要點相同。

3

吸氣時頭頸緩緩下彎，意念
放在大椎穴，用心去體會頸
背部肌肉群充分的伸展。維
持這個姿勢約5秒，在呼氣
緩緩的將頭轉正。

廉泉穴

④ 吸氣時頭頸緩緩後仰，意念放在能夠點出穴的位置即佳，用心去體會頸前部肌肉群充分的伸展。維持這個姿勢約5秒，在呼氣緩緩的將頭轉正。

原來如此

頸部肌肉僵硬循環不良會使人睡眠不佳容易疲勞，充分伸展頸部肌肉群，防止肌肉僵硬氣血不順，甚至有助頸椎的僵化，改善頸部酸痛。

5 雙手手指相交置於頸部，吸氣時兩手掌相合，用（擠法）
上提肌肉。呼氣時放鬆，共做10次。

6　頸部放鬆，慢慢的順時鐘方向轉 5 次，逆時鐘方向轉 5 次。

眼睛疲勞

攢竹穴
天應穴
晴明穴

四白穴

① 以手指揉按攢竹穴或天應穴，向內
及向外各揉按32下。

② 以手指揉按睛明穴，向內及向外各揉按32下。

③ 以手指揉按四白穴，向內及向外各揉按32下。

④ 以手指節輪刮眼眶，上下各做16下。

5

最後再將兩手搓熱敷在眼皮上，想想手上有一股真氣緩緩導入眼睛，使眼睛舒適、放鬆、充滿清新的能量，再將眼睛緩緩睜開。

原來如此

有效按摩眼睛四週的穴位，可以使氣血暢通，消除眼睛四周的肌肉疲勞，防止視力惡化，並能使眼部周圍的皺紋或眼袋黑眼圈有減輕的功效。

眾說紛紜的太極創始

太極生兩儀、陰陽交相變化的思維，普遍存於一般道士之中，且各朝代皆有可能創出同名異招之太極拳術。

這套結合了中國武學精要、養生功效與哲學思想的拳法，是歷代先人以其智慧與經驗，不斷增修補強後，太極拳法才有今日我們熟悉的面貌。

說起太極拳的創始，那真的是千奇百怪、眾說紛紜啊！不過，主要的說法大概可以列出以下幾種。

　　首先，如果你問看過武俠小說或是老守著電視看古裝武俠八點檔，幻想這輩子能在冷血的鋼筋叢林中，成就一番俠義事業的人，你問他們太極拳的創始人是誰的話？除了那年輕時幸運地學到一點點九陽真經的張君寶，年紀大時改名成了武當派開山鼻祖的張三豐張真人，同時也是鐵劃銀勾張翠山的師父，明教教主張無忌的太師父外，應該不會再出現別的答案吧！而且那回答時的反應速度之快，簡直就像是問小學生一加一多少，他們想也不想就回答等於二那般簡單。

　　不過，小說歸小說，歷史還是歷史。到底史冊上是否真有張三豐這個人呢？當然在現實裡不乏有質疑的聲浪。

　　但是太極拳的確是從久遠以前，就存在於中國民間，並與中國文化、哲學思想呵成一氣。太極拳的創始，有人說宋朝的武當山上真有一名叫做張三峰的道士，但他是否會武術，這點歷史上並沒有記載，畢竟史冊考據的重點，並不在于一名小小的煉丹道士是否身懷絕學。

　　另外一種說法，則要將時間更往前追溯到唐代。據說太極拳是由唐代一名叫許宣平的隱士所傳于後世。說到這個許宣平，史書上說他在城陽山搭了間草廬隱居時，從來沒人見過他

吃東西，而他的容貌也一直保持青春不變，總像是個四十多歲的人，走起路來健步如飛，猶如奔馬，要不是唐代不流行太極陰陽之類的養生術，說不定許宣平便真是太極拳的創始者！畢竟這樣青春美麗的健康身體，正是太極拳法養身養氣的影響。而且，唐代著名的大詩人李白也曾想尋訪許宣平，然而卻失之交臂，讓人不禁懷想，如果當年兩人能有緣相見，不知詩仙與這名神妙的隱者能迸出什麼樣的傳奇佳話呢？

然而，如果以太極拳的流派而論起始源，可發現當今不論任何派別，均源於陳氏太極。據說明末清初時，河南陳家溝的陳王庭，創出了太極拳主要的拳套和推手。而他的後代子孫陳長興，則將拳法教了河北人楊露禪，進而衍生出楊氏太極一派，其後，又外傳另外幾位外姓弟子，所以現在大家所知的楊、吳、武、孫四家，皆是直接或間接相承自陳氏太極。

自古至今，太極生兩儀、陰陽交相變化的思維，普遍存於一般道士之中，且各朝代皆有可能創出同名異招之太極拳術。我們寧可相信，太極拳並沒有獨特的一位創始人，這套結合了中國武學精要、養生功效與哲學思想的拳法，是歷代先人以其智慧與經驗，不斷增修補強後，太極拳法才有今日我們熟悉面貌。因此對於太極拳的創始，雖各家說法不同，亦無須斤斤計較，追根究柢固然重要，但若是因探究紛雜的學派，而阻礙了拳法的學習，未免太得不償失了。

2 明天的氣力，今天就幫你準備好

昨天晚上MSN開同學會聊太晚，今天早上拼死才趕上8點捷運，早餐只能到公司解決，OUTLOOK打開3個會議5份報告7個電話聯絡……啊！難道又要加班嗎？面對這樣工作緊張、生活忙碌，早上白Ｘ氏，中午康Ｏ特，晚上還得乾掉一瓶蠻△；外出要應酬回家有家事，放假還要約會一下好同學的日子，你是不是也覺得HP已經DOWN到谷底了呢？小心啊，流失掉的氣力可不是睡一覺醒來、幾罐營養劑吞下去就會恢復的！仔細回想一下吧，過去驕傲的鐵打身體最近是不是一點小感冒也不容易好？明明才剛剛聽到的事情是不是一轉身就忘記？

如果你一下子驚覺時光荏苒，歲月悠悠，青春易逝……先別喪氣，要知道太極拳是種有氧運動，而且是種恆氧性的運動，也就是在運動過程中，全身的細胞無時無刻的在做氧氣交換。身體充滿氧氣，自由基就會減少，因此就能延緩細胞老化，而充分的氣體交換與循環作用，也能更順利的將體內代謝廢物與毒素排出體外，這也是很多練過太極的人都說不累的原因喔。

以下一系列的太極動作，都是以一個對應症狀所設計，不一定要做完整套的動作，你也可以以現在身體最需要調節的狀況，單打一套動作也能有所奏效。坐而言不如起而行，一起來練習下面的太極吧！讓你在日也操暝也操的工作裡，還可以永遠保持最佳狀態，提前準備好明天的活力！

傷風感冒

第一式：調息吐納

適用症狀◆傷風感冒、頭昏、肌肉酸痛
適用族群◆抵抗力差、經常把感冒糖漿
　　　　　當飯後甜點食用者

原來如此

調息吐納能促進人
體任督二脈的氣血
循環，體內臟腑功
能協調可增加免疫
力強化對外來邪氣
抵抗力，平衡體內
陰陽使人心情平
和、身心協調、不
急不怒。

① 雙腳打開與肩同寬，兩腳內側平行，
　 雙手自然垂於大腿兩側。

2 吸氣時掌心向下，兩手緩緩抬起與肩同高，手好像放在水中一般自動浮起，肩膀放鬆。

勞宮穴

3 呼氣的時候，兩腿彎曲緩緩下蹲，膝蓋不超出腳尖，胯要下落，身體保持正直，雙手隨之下按，好像水中有塊木頭，下按時有浮力上阻的感覺。

4 將第 2、3 項動作上下為一次，共做 36 下。在練習的時候，意念需集中在手掌勞宮穴或是腳底湧泉穴，動作要柔和緩慢。

容易疲勞

① 併步站立，舌抵上顎，雙手自然垂於兩側，呼調勻，身體放鬆。

② 開步跨左腳，雙手提起與間同寬。

3 呼氣身體下沉保持
正直，雙手下按。

4 重心右移，右手
在上，左手在
下，如抱球狀。

5 左腳伸出，重心左
移，成左弓步，左
手「掤」出。

6 重心後坐，掌心向對，
雙手「将」回。

重心再左移，成左弓步，
雙手「擠」出。

8

重心後坐，雙手回到腰際，
重心再左移，成左弓步，雙
手「按」出。

9 重心落在左腳，雙手畫圓收回，左手在上，右手在下，如抱球狀。

10 動作重複5～9，唯方向相反。

原來如此

攬雀尾的動作與呼吸配合一致，吸納清氣有培源固本的功效消除疲勞，呼出濁氣有助於排除毒素可改善膚質，動作要求鬆腰活胯，可以生腎水降心火調整血壓。

11

雙手畫圓擺回原處，
緩緩站起。

增強記憶力

適用症狀◆記憶力衰退、注意力不集中
適用族群◆同時跑多種程式，腦中經常出現
　　　　　「目前沒有足夠記憶體」小框者

摩運頭部

百會穴

1 雙手五指分開，從前髮際畫
到後髮際，經過督脈、太陽
膀胱經、少陽膽經，同時以
指腹輕柔按摩百會穴、四神
聰、風池等穴位，共做18
次。

76

2 兩手大拇指置於太陽穴，中指由眉心向上推抹36下，再左右分推各18次。

原來如此

摩運頭部的動作
能有效紓解頭部
緊張的肌肉並且
促進血液循環，
所以可以減緩頭
痛並增強記憶力
使人神清氣爽。

③ 兩手大拇指置於耳前，其餘四指成握拳狀，置於頭額兩側處，以指節向下推刮到耳前各18次。

4

兩手掌左右、左右對按
6次，並在按時吸氣，
鬆開時候吐氣。

合谷
（虎口）

5 右手食指與拇指對按左手虎口處穴道，按時吸氣，鬆開時
候呼氣，左右各做9次。

單鞭下勢

兩腳併步，舌抵上顎，雙手自然
垂於大腿外側。

右手提勾，左手置於右手手肘
處，左腳提起，左腳橫跨一步成
左邊弓步，左手掌向前按出。

③ 重心後坐成右邊仆步，左手順時鐘方向
劃圓至小腿內側。

原來如此

這一招式能有效暢通肝、腎、脾、經
脈，除了能改善身體機能，也能調整情
緒、解除氣鬱等心理問題。

④ 重心左移成左邊弓步，左手掌朝上，右手掌後勾，右腳收回往上抬起成金雞獨立式，右手掌在上左手掌在胯前。

5

身體轉正收回,雙手自然
垂於兩側,回到預備式,
左右共作18次。

鼻子過敏

適用症狀◆一般過敏、季節性過敏、鼻
　　　　　　塞
適用族群◆季節交替時面紙不離身者

乾浴迎香

1

兩手大拇指貼食指，
並曲起食指，大拇指
末端指節貼近鼻翼。

2 吸氣時,由迎鼻翼往上按摩到額頭髮際
邊緣,呼氣時由髮際邊緣順原路按摩回
鼻翼,一上一下為一次,共做12次。

3 吸氣時頭向左轉，同時左手拇指按住左邊鼻孔，呼氣時左手鬆開，用兩鼻孔將氣呼出，同時也將頭轉正。

原來如此

乾浴迎香的動作能促進鼻子局部的血液循環，暢通陽明、膀胱等經脈。

4 右邊動作相同，只是左手改成右手
按住鼻孔，左右各做12次。

5 最後將注意力集中在鼻翼上，做
12次細、勻、深、長的腹式呼
吸。

調息吐納

1 雙腳打開與肩同寬，兩腳內側平行，雙手自然垂於
大腿兩側。

原來如此

調息吐納能促進人
體任督二脈的氣血
循環，體內臟腑功
能協調，可增加免
疫力，強化對外來
邪氣抵抗力，平衡
體內陰陽使人心情
平和、身心協調、
不急不怒。

2

吸氣時掌心向下，兩手緩緩抬
起與肩同高，手好像放在水中
一般自動浮起，肩膀放鬆。

3

呼氣的時候，兩腿彎曲緩緩下蹲，膝蓋不超出腳尖，胯要下落，身體保持正直，雙手隨之下按，好像水中有塊木頭，下按時有浮力上阻的感覺。

4 將第2、3項動作上下為一次，共做36下。在練習的時候，意念需集中在手掌勞宮穴或是腳底湧泉穴，動作要柔和緩慢。

消化不良

第五式：氣運丹田

適用症狀◆脹氣、腹悶、食慾不振
適用族群◆吃不多或是吃多了身體也不
　　　　　吸收者

1

兩腳併步，舌抵
上顎，雙手自然
垂於大腿外側。

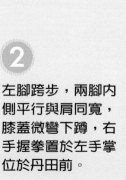

2

左腳跨步，兩腳內
側平行與肩同寬，
膝蓋微彎下蹲，右
手握拳置於左手掌
位於丹田前。

3 雙手逆時鐘方向旋轉，吸氣時手上昇提肛，
呼氣時手下降鬆肛。

4 逆時鐘方向做9次，順時鐘方向做9次。

原來如此

氣運丹田的動作能
有效的調整脾胃消
化功能，增加結腸
蠕動排除宿便。

 心右移，雙手及左腳收回，身體打直回到預備式。

◎太極小故事
太極承傳表

　　在之前的小故事中，相信你已經了解到太極拳發展的大概情況。事實上，到了清朝末年，太極拳法已經是以楊氏太極爲主流，作爲祖師爺的陳氏太極，反而逐漸被人淡忘。這樣的情況一直到後來，陳氏太極的嫡傳弟子陳發科從陳家溝到了京城開設國術館之後，陳氏太極才又開始有人知道。武術詩人楊敞就這段歷史作了兩首詩──「都門太極舊尊楊，遲緩柔和擅勝場，不意陳君標異幟，纏絲勁勢特剛強」、「當初誰知太極，譚公療疾始傳，功令推行太極拳，於今武術莫能先，誰知豫北陳家技，卻賴冀南楊氏傳」，詩詞中除了紀錄陳消楊長的情況，也就陳楊兩家太極各自的所長做了描述。

　　直到現在，太極拳的流傳目前仍然以楊氏太極最爲廣泛。至於太極拳諸流派的承傳過程，有興趣的人不妨參考以下「陳氏太極傳承表」內容。

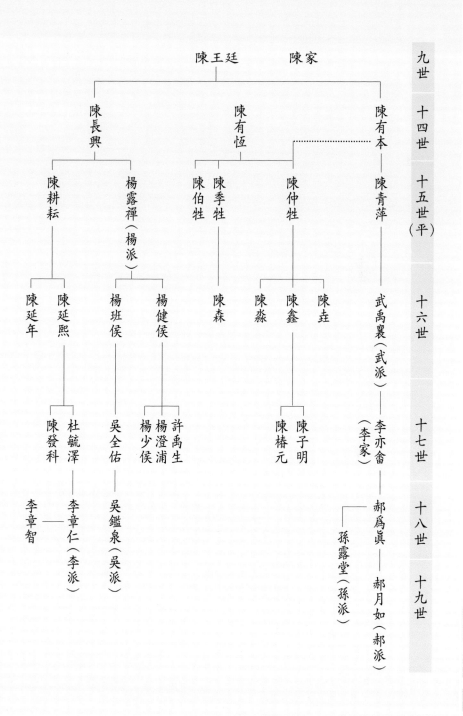

九世　十四世　十五世（平）　十六世　十七世　十八世　十九世

陳王廷　　陳家

陳長興　　　陳有本　　　　陳青萍

陳耕耘　　楊露禪（楊派）　陳伯牲　陳季牲　陳仲牲　武禹襄（武派）

陳延年　陳延熙　楊班侯　楊健侯　陳森　陳淼　陳鑫　陳垚　李亦畬（李家）　郝爲眞

陳發科　杜毓澤　吳全佑　許禹生　楊澄浦　楊少侯　陳椿元　陳子明　郝月如（郝派）　孫露堂（孫派）

李章智　李章仁（李派）　吳鑑泉（吳派）

3 只要富貴不要病

　　拜科技進步之賜，社會進入了一種前所未有的優裕狀態。尤其是朝九晚五的上班族，平常動的機會越來越少，三餐加宵夜卻吃得越來越好。如此飲食無度、菸酒不忌的生活，結果就是人還沒到中年，高血壓、膽固醇……這些過去你認為的老人疾病早早就找上你！

　　但是，比起這些有明顯症狀可以觀察、找出病因的慢性疾病，近幾年又出現另一種更隱性，但是影響卻意外驚人的精神官能症候群，罹病的患者看起來與常人無異，但是他們就像是一顆不定時的未爆彈，隱藏在社會之中，隨時都可能被引爆，做出自己都無法控制自己的行為。

　　然而，這些要命的疾病就真的無法預防嗎？

　　當然不是！活動活動，人要活就要動，這句話真是至理名言。多動動一來可以活化身體細胞、更可以藉由運動的動作、舒展肢體的方式，排解心中的緊張沉悶。太極拳法不激烈、動作自然伸展身體的特色，只要幾個動作下來，很快你就可以感覺到太極拳健身、安神的效果。

　　下面提到的幾個現在知名度超高的富貴病，或許你還沒有到達需要就醫的程度，不過，別忘了預防勝於治療的真理啊！除了保持樂觀積極的態度、健康自然的飲食習慣外，現在你還可以藉由練習太極拳，保養你的身體！那麼，立刻就來看看到底是哪些動作可以幫助我們遠離疾病，安心享受富貴人生吧！

躁鬱症

第一式：調息吐納

適用症狀◆心神不寧、心煩意躁
適用族群◆工作壓力大、凡事要求完美者

原來如此

調息吐納能促進人體任督二脈的氣血循環，體內臟腑功能協調，可增加免疫力，強化對外來邪氣抵抗力，平衡體內陰陽使人心情平和、身心協調、不急不怒。

1 雙腳打開與肩同寬，兩腳內側平行，雙手自然垂於大腿兩側。

2

吸氣時掌心向下，兩手緩緩抬起與肩同高，手好像放在水中一般自動浮起，肩膀放鬆。

3

呼氣的時候，兩腿彎曲緩緩下蹲，膝蓋不超出腳尖，胯要下落，身體保持正直，雙手隨之下按，好像水中有塊木頭，下按時有浮力上阻的感覺。

4 將第2、3項動作上下為一次，共做36下。在練習的時候，意念需集中在手掌勞宮穴或是腳底湧泉穴，動作要柔和緩慢。

憂鬱症

第二式：單鞭下勢

適用症狀◆心口鬱結、胸悶、情緒低落
適用族群◆工作壓力大、交友圈子小、
　　　　　思想消極者

1

兩腳併步，舌抵上
顎，雙手自然垂於
大腿外側。

② 右手提勾，左手置於右手手肘處，左腳提起，左腳橫跨一步成左邊弓步，左手掌向前按出。

③

重心後坐成右邊仆步，左手順時鐘方向劃圓至小腿內側。

4

重心左移成左邊弓步，左手掌朝上，右
手掌後勾，右腳收回往上抬起成金雞獨
立式，右手掌在上左手掌在胯前。

原來如此

這一招式能有效暢通肝、腎、
脾經脈，除了能改善身體機
能，也能調整情緒、解除氣鬱
等心理問題。

身體轉正收回，雙手
自然垂於兩側，回到
預備式左右各做9次。

失眠

第三式：調息吐納、引火歸元

適用症狀◆睡不好、火氣大
適用族群◆想太多、應酬多、睡眠品質
　　　　　　不良者

調息吐納

原來如此

調息吐納能促進人
體任督二脈的氣血
循環，體內臟腑功
能協調，可增加免
疫力，強化對外來
邪氣抵抗力，平衡
體內陰陽使人心情
平和、身心協調、
不急不怒。

1 雙腳打開與肩同寬，兩腳內側平行，
雙手自然垂於大腿兩側。

2 吸氣時掌心向下，兩手緩緩抬
起與肩同高，手好像放在水中
一般自動浮起，肩膀放鬆。

3 呼氣的時候，兩腿彎曲緩緩下
蹲，膝蓋不超出腳尖，胯要下
落，身體保持正直，雙手隨之
下按，好像水中有塊木頭，下
按時有浮力上阻的感覺。

4 將第 2、3 項動作上下為一次，共做 36 下。在練習的時
候，意念需集中在手掌勞宮穴或是腳底湧泉穴，動作要柔
和緩慢。

安眠穴

1 正身端坐，雙手反托腦後，拇指按摩安眠穴，
左右各揉36下。

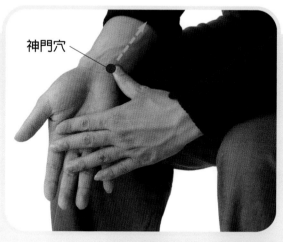

神門穴

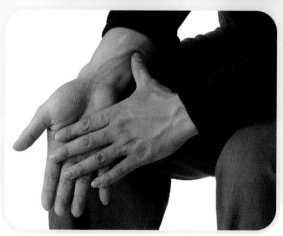

② 右手大拇指由手腕尺內側神門穴向
上緩緩推 36 下，再交換。

天突穴

按摩失眠穴可以調整腦部思緒，讓人神志安寧，搓心經可以降心火、使人心不煩躁，按摩腳底任脈能使真水上升，防止老化保持青春。

3

兩手交疊吸氣時提肛，雙手由丹田向上推到天突穴，呼氣時鬆肛，雙手由天突穴向下推到丹田，一上一下為一次共做36下。

湧泉穴

4 右手搓左腳腳底湧泉穴200下，左手搓右腳腳底湧泉穴200下。

5

再正身端坐，作細、勻、深、長的腹式呼吸9次。

胃痛

適用症狀◆胃酸過多、胃炎、胃潰瘍
適用族群◆菸酒無度、工作壓力大、作
息不正常、飲食不規律者

原來如此　手上的內關穴有鎮痛消炎、安定神經的作用，腿上的足三里與陰陵泉對於脾胃功能有調整的功效，此外足三里更是一個人體保健強身的重要穴位。

內關穴

① 右手大拇指按在左手內關穴，食指按在外關穴，左手掌置於丹田，吐氣時，右手用力按壓穴道，吸氣時放鬆，做完12次之後左右交換。

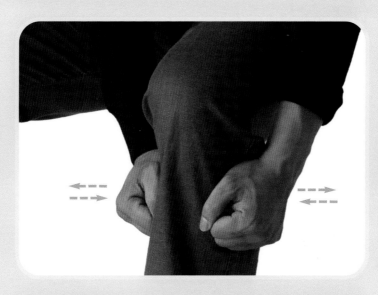

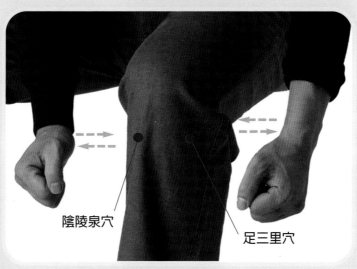

陰陵泉穴

足三里穴

② 兩手輕握,呼氣時敲打左腳足三里與陰陵泉,吸氣放鬆,共敲72下,再換右腳重複動作。

便秘

適用症狀◆腸道蠕動緩慢、便秘、痔瘡
適用族群◆菸酒不忌、少運動、甚少食
用蔬菜水果者

1 兩腳併步，舌抵
上顎，雙手自然
垂於大腿外側。

2 左腳跨步，兩腳內側平行與肩
同寬，膝蓋微彎下蹲，右手握
拳置於左手掌位於丹田前。

114

3

雙手逆時鐘方向旋轉，吸氣時手上昇提肛，呼氣時手下降鬆肛。

4 逆時鐘方向做9次，順時鐘方向做9次。

5

重心右移，雙手及
左腳收回，身體打
直回到預備式。

原來如此

氣運丹田的動作能
有效的調整脾胃消
化功能，增加結腸
蠕動排除宿便，宿
便排除具有體內環
保的功效，因此可
以淨化血液、改善
體質、美化肌膚。

高血壓

適用症狀◆血壓高、經常頭暈目眩
適用族群◆菸酒不忌、少運動、甚少食
用蔬菜水果者

1 並步站立，舌抵
上顎，雙手自然
垂於兩側，呼調
勻，身體放鬆。

2 開步跨左腳，雙手
提起與肩同寬。

3 呼氣身體下沉保持
正直，雙手下按。

4 重心右移，右手在上，
左手在下，如抱球狀。

 5

左腳伸出，重心左移，成
左弓步，左手「掤」出。

6

重心後坐，掌心向對，雙
手「捋」回。

7

重心再左移，成左弓步，
雙手「擠」出。

重心後坐，雙手回到腰際，
重心再左移，成左弓步，雙
手「按」出。

9

重心落在左腳，雙手畫圓收回，
左手在上，右手在下，如抱球
狀。

10

動作重複5～9，唯方向相反。

原來如此

攬雀尾的動作與呼
吸配合一致，吸納
清氣有培源固本的
功效消除疲勞，呼
出濁氣有助於排除
毒素可改善膚質，
動作要求鬆腰活
胯，可以生腎水降
心火調整血壓。

⑪
雙手畫圓擺回原處，緩緩
站起。

膽固醇過高

適用症狀◆膽固醇過高
適用族群◆菸酒不忌、少運動、甚少食
用蔬菜水果者

1

兩腳併步，舌抵上顎，雙
手自然垂於大腿外側。

2 右手提勾，左手置於右手手肘處，左腳提起，左腳橫跨一步成左邊弓步，左手掌向前按出。

③

重心後坐成右邊仆步，左手
順時鐘方向劃圓至小腿內
側。

 重心左移成左邊弓步，左手掌朝上，右手掌後勾，右腳收
回往上抬起成金雞獨立式，右手掌在上左手掌在胯前。

單鞭下勢能有效暢通肝、腎、脾經脈，可以強化身體肝、腎、脾等臟腑機能、也能調整情緒、解除氣鬱等心理問題，上下動作能充分燃燒脂肪，伸展筋骨增加身體柔軟度。

5

身體轉正收回，雙手自然垂於兩側，回到預備式。

◎太極小故事

錯綜複雜的太極流派

　　從之前的兩段小故事，相信你對太極拳的歷史發展已有
了一個初步的概念。太極拳經過長時間的流傳，演變出了許
多不同的流派，其中較具代表性的當屬陳、楊、孫、吳、武
等五大派系。不同的派系有不同的練功方法，但各派系間其
實也互相影響。了解各派系拳法的特色，可以幫助我們在練
習太極時，更準確的掌握太極拳法的動作要領。

1.陳氏太極拳

　　陳氏太極是中國太極拳最主要的流派，由於陳氏太極是
河南溫縣陳家溝的地方人士陳王庭所創，又由陳氏族人代代

相傳，所以就稱爲「陳氏太極拳」。陳氏太極拳是目前考據上最古老的拳種，後來的各派太極拳都是從陳氏太極延伸而來。而陳氏太極拳的鍛鍊原則和練法要求「意、氣、身」三者密切配合，以意念控制體內流動的氣，並藉由控制氣的流動來使身體的動作貫穿流暢。陳氏太極獨創的推手動作，更是將此一概念充分展現，以纏、繞、粘隨爲主的拳法動作如同風吹雲捲，借他人之力反制其動作，乍看之下彷彿是被對手動作牽引，但實際卻是等待對手的空門出現，瞬間發勁制敵。

2. 楊氏太極拳

師承自陳氏太極陳長興的河北永年人楊露禪，在陳氏太極拳的基礎上持續創編，終於發展出另外一套風格截然不同的「楊氏太極拳」。楊氏太極拳雖來源於陳氏，但動作上更加趨於柔和，因而在民間流傳最廣。楊氏太極拳的特色在於拳法架勢舒展大方，速度均勻連貫，身法安穩，行拳自然流暢。輕靈灑脱的動作，一招一式都使勁圓滿，表現出太極另一種沈靜內涵。

3. 武氏太極拳

武氏太極是河北永年人武禹襄所創。武禹襄拜師楊露禪及陳清平，並於兩人的基礎上再經修改，創造了「武氏太極拳」。武氏太極拳既不同于陳氏的纏、繞、粘，亦不同於楊氏的清靈瀟灑，其動作簡潔緊湊，架勢雖小但出拳起腳並不侷促，動作舒緩平穩，出拳時手不超過足尖，收拳時也不緊

貼身側。至於胸部、腹部的進退旋轉，始終保持直立中正。拳法講究動作起、承、開、合間的連貫順暢，以此達到太極原理中所謂「意、氣、身」三者合一。

4. 孫氏太極拳

河北完縣人孫祿堂，從小就酷愛武術，一開始在李魁垣門下學習形意拳，之後，又拜師程廷華學八卦掌，最後才從師郝爲眞，學習太極拳。在這樣的背景下，由孫祿堂所創立的「孫氏太極拳」拳法最大的特色，就是將八卦、形意、太極三家拳術的精義巧妙的融合一體。孫氏太極拳的特點在對戰時，與對手「進退相隨，邁步必跟，退步必撤」。因而孫氏太極的動作舒展圓活，敏捷自然。練習時雙足虛實分明，整套拳法動作如行雲流水般綿綿不斷。尤其每當轉身時，必以「開」、「合」的動作相接，所以又另稱爲「開合活步太極拳」。

5. 吳氏太極拳

由吳鑑泉所創的「吳氏太極拳」同樣也是師承楊氏太極，並在楊式的基礎上延伸而來。吳氏太極動作輕鬆自然，一拳一掌連綿不斷，循規蹈矩，在各家太極拳法中，獨具靜態之妙。吳氏太極的拳法架勢雖然小巧，但仍具有大架功底，動作開展而緊湊，並在緊湊的連環出招中自然舒展手腳，不受招式拘束。而吳氏太極的推手動作端正嚴密，運勁細膩熨貼，守靜而不妄動，無形中巧妙化解對手攻勢，並在一瞬間轉守爲攻，輕鬆制敵。

4 訂做一個美麗人生

　　猜猜看現在全世界最流行的全民運動是什麼？棒球？錯！籃球？錯！哼，答案其實是——「減肥」。

　　說起減肥的記憶，幾乎每個人都有一肚子的經驗與苦水。而坊間口耳相傳、千奇百怪的減肥方法，更是讓人嘆為觀止。只不過區區幾塊肉，一堆人竟然能忍人所不能忍，花再多代價也在所不惜，就為了讓自己再瘦一點，再美一點。

　　雖然大家平常也知道這其實只是社會現在對美的價值觀，可是，誰叫我們沒有辦法生在唐朝那個愛玉環的時代呢？

　　不過現在，要享「瘦」那美麗的人生，有更簡單、方便有效又健康的方法！太極拳作為一種養生運動，可以消耗不少熱量外，還可以藉由運動帶動體內環保與身體循環，幫助燃燒後的廢物盡快排出體外。尤其是以下根據太極拳原理設計的拳法動作更是容易，幾招練下來，不但很快可以達到瘦身的目的，還可以針對不同的需求進行局部的調整，讓你不只是瘦，還越瘦越神采奕奕、健康自信。

手腳冰冷

適用症狀◆怕冷、血液循環不良、手腳
冷冰冰
適用族群◆運動量不足者

原來如此

調息吐納能促進人
體任督二脈的氣血
循環，體內元氣充
足並可增加免疫
力，強化對外來邪
氣抵抗力，意念在
手掌或腳底，能有
效促進末梢循環。

1 雙腳打開與肩同寬，兩腳內側平行，
雙手自然垂於大腿兩側。

2 吸氣時掌心向下，兩手緩緩抬起
與肩同高，手好像放在水中一般
自動浮起，肩膀放鬆。

3 呼氣的時候，兩腿彎曲緩緩下
蹲，膝蓋不超出腳尖，胯要下
落，身體保持正直，雙手隨之
下按，好像水中有塊木頭，下
按時有浮力上阻的感覺。

4 將第2、3項動作上下為一次，共做36下。在練習的時
候，意念需集中在手掌勞宮穴或是腳底湧泉穴，動作要柔
和緩慢。

豐胸提臀

適用症狀◆俗稱太平公主症
適用族群◆希望人生可以一路走來波濤
　　　　　洶湧者

① 兩腳打開約兩肩寬，兩腳內側平行，雙手
自然垂於兩側，調整呼吸。

正面

2

兩肩由後往前動，慢慢屈頭彎頸，向下彎曲胸椎。

原來如此

龜鶴升降是要求脊椎節節貫通的動作，所以能調整人體的脊椎與脊椎旁兩側的肌肉，因為長期不良姿勢帶來的腰酸背痛或是彎腰駝背等問題都能有效改善，並使身體自然恢復成為S型的好身材。

正面

③ 繼續向下彎曲腰椎、薦椎，此時屈膝
　成馬步，雙手撐在膝蓋上。

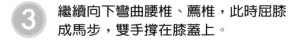

4

再從薦椎、腰椎、胸椎、頸椎曲
伸抬頭，牽引任脈，呼吸時意念
放在丹田，並做3次提肛動作。

5

再配合呼吸，反方向動作拱薦椎、腰椎、胸椎、頸椎，自然站直，調整呼吸。

6

以上動作每天作10次即可，如果有不舒服的情況，把動作幅度降低，次數減少。

痛痛不再來

適用症狀◆生理期疼痛

適用族群◆壓力大、經期不順的女生

1

兩腳微曲站立，足內側平行與肩同寬，兩手交叉，右手在內左手在外，置於臍上3寸處，舌底上顎，先做3個腹式呼吸。

2 雙手由前、向下、向內及向上做旋轉，意念配合手的動作，意想氣從肚臍向下到丹田與會陰，接著經尾骶向上到命門，再由命門穿過體內回到肚臍，如此共做9次。

3

在第10次時，重心
左移，抬右腳橫跨一
步，成大馬步，雙掌
掌心朝外下劃，置於
膝蓋旁，接著做6次
深呼吸，吸氣時提
肛，呼氣時鬆肛。

原來如此

強化 8 字型括約
肌，運動到骨盆腔
內的臟腑，使得相
關的內分泌分泌正
常，改善生理疾病
與強化生理功能。

4

接著重心右移，雙手向
外、向上收回，同時左
腳收回並步站立。

5

重複 1～4 的動作，但是
帶 3、4 項動作時，左右
方向相反。

改善膚質

適用症狀◆青春痘、膚色暗沉、容易過敏
適用族群◆化妝之前絕不踏出家門者

1 併步站立，舌底上顎，雙手自然垂於兩側，呼調勻，身體放鬆。

2 開步跨左腳，雙手提起與肩同寬。

146

③

呼氣身體下沉保持正直，
雙手下按。

④

重心右移，右手在上，左手在
下，如抱球狀。

147

5

左腳伸出，重心左移，成
左弓步，左手「掤」出。

原來如此

攬雀尾的動作與呼吸配合一致，吸
納清氣有培源固本的功效消除疲
勞，呼出濁氣有助於排除毒素可改
善膚質，動作要求鬆腰活胯，可以
生腎水降心火調整血壓。

6

重心後坐,掌心向對,雙
手「将」回。

重心再左移，成左弓步，
雙手「擠」出。

太極

太流行

8

重心後坐，雙手回到腰際，重心再
左移，成左弓步，雙手「按」出。

9

重心落在左腳，雙手畫
圓收回，左手在上，右
手在下，如抱球狀。

10

動作重複5～9，唯方向相反。

雙手畫圓擺回原處，
緩緩站起。

塑身減肥

適用症狀◆體脂肪指數太高
適用族群◆愛吃懶作又想瘦者

1

兩腳打開約兩肩寬，兩腳內
側平行，雙手自然垂於兩
側，調整呼吸。

2

兩肩由後往前動，慢慢屈頭彎
頸，向下彎曲胸椎。

③

繼續向下彎曲腰椎、薦椎，此時屈膝成馬步，雙手撐在膝蓋上。

原來如此

龜鶴升降是要求脊椎節節貫通的動作，所以能調整人體的脊椎與脊椎旁兩側的肌肉，因為長期不良姿勢帶來的腰酸背痛或是彎腰駝背等問題都能有效改善，並使身體自然恢復成為S型的好身材。

4

再從薦椎、腰椎、胸椎、頸椎曲伸抬頭，牽引任脈，呼吸時意念放在丹田，並做3次提肛動作。

5 再配合呼吸，反方向動作拱薦椎、腰椎、胸椎、頸椎，自然站直，調整呼吸。

6 以上動作每天作10次即可，如果有不舒服的情況，把動作幅度降低，次數減少。

今夜好性福

第六式：三轉手

適用症狀◆勃起障礙、射精異常
適用族群◆為了讓夜生活更多采多姿，
希望提升能力者

1 兩腳微曲站立，足內側平行與肩同寬，兩手
交叉，右手在內左手在外，置於臍上3寸
處，舌底上顎，先做3個腹式呼吸。

2 雙手由前、向下、向內及向上做旋轉，意念配合手的動作，意想氣從肚臍向下到丹田與會陰，接著經尾骶向上到命門，再由命門穿過體內回到肚臍，如此共做9次。

3 在第10次時，重心左移，抬右腳橫跨一步，成大馬步，雙掌掌心朝外下劃，置於膝蓋旁，接著做6次深呼吸，吸氣時提肛，呼氣時鬆肛。

原來如此

強化8字型括約
肌，運動到骨盆腔
內的臟腑，使得相
關的內分泌分泌正
常，改善生理疾病
與強化生理功能。

④ 接著重心右移，雙手向外、向上收回，同時
左腳收回並步站立。

⑤ 重複1～4的動作，但是帶3、4項動作時，
左右方向相反。

◎太極小常識

練功後的反應

常常在武俠小說裡看到，某某大俠練功一個不小心，竟然走火入魔的劇情。練武就好像一把雙面之刃，可以讓你成爲傲視群倫、人人尊敬的絕頂高手，也可能因爲一次的走火入魔從此一蹶不振，或許武功盡失、甚至失去常人心志。然而到底，練功後身體會產生哪些反應呢？而你又要如何去照顧身體的自然反應呢？

一般而言，剛開始練功之後，一段時間裡我們會覺得身體輕鬆、心情愉快、容光煥發、精神變好。但是，可能在三

個月或是更長一段的時間之後，身體會開始覺得不適、精神變差。這時候不禁會讓人懷疑，是不是自己練功的方法錯誤？還是這套功法不適合自己？下面舉出三種練功後的反應，幫助你更能理解練功後的身體反應。

◎強化現象

在開始練功之後，最直接而且明顯的現象就是體質的強化。太極拳的拳法可以有效並充分的刺激末稍血管循環，強化心臟的功能，並有效的推擠體內的淋巴腺，促進體內代謝。

在身體的各種機能一點一點的恢復最佳狀態後，自然也會調整我們的體質，除了抵抗力變好，手腳即使冬天不會再出現冰冷的情況外，原來容易疲倦的精神在練拳後，注意力也更集中。

太極拳的動作也可以調整身體的姿勢，讓肢體隨時保持最輕鬆舒適的狀態，如此一來，令人困擾的筋骨酸痛的狀況也就可以迎刃而解。

◎換勁現象

當練到一定的程度後，身體已經累積能量變得更健康強壯，這時身體會出現一個轉換的過程，全身的細胞與組織要

進行一個重組的動作，因此身體會出現特殊症狀，通常的情況是「發燒」，但跟生病的發燒不一樣，同樣會有全身虛弱無力、體溫升高的情形，但是卻不會與一般感冒有頭痛、流鼻水、咳嗽等不舒服現象。這種發燒不舒服的時間，少則持續三天，多則可達十幾天。在這段期間內依舊可以練習，份量可略微減少，重點則是要補充高營養與高能量的食物，待換勁的時間一過就好了。而在經過換勁之後，最主要也最明顯的特點就是氣力飽滿，自己會覺得力氣比以前大。

◎排毒現象

在改善體質之前，一定會先把體內有毒的物質排出體外。修習太極拳則強化人體這個部分的功能，提供細胞大量的能量進行排毒工作，將體內的毒素減到最低的程度。

在身體進行排毒的時候，最常見的反應就是發燒、疲勞的症狀。同時，由於毒素會透過代謝排出體外，所以這段時間裡身體的分泌物像是鼻涕、痰跟汗水都會增加，也可能會造成拉肚子、身體疼痛的狀況；若是排毒動作在皮膚上進行，也可能會忽然出現皮膚病。

在身體進行排毒時，可以按摩、多喝水與生機飲食的方式來改善排毒時的不適症狀，同時也可以加速毒素的代謝，使身體盡速恢復正常的機能。

太極的養生哲學

太極拳常講「知己知彼」。
這句話不僅是運用在武術的攻防技巧上，
更重要的是在對自我的修正與自我的認知。

　　大家都很熟悉的太極圖騰就是象徵陰陽的兩種能量，螺旋形狀旋轉相容的一個圓。這個圖形的最大特色在於，沿著圓心任意的切割，都會發現到任何一邊都同時包含了陰陽兩體，因此，我們可以理解太極的中心思想，就是陰與陽的相互交替、相互消長。

　　而太極陰陽相生的思想，正好與中國傳統一個重要的哲學思維相呼應――所謂「太極者，無極而生，陰陽之母」，中國傳統的宇宙觀認為，世界萬物皆有兩極，而兩極間的關係是密切結合、相互消長，彼此生生不息的。「動靜」、「剛柔」、「快慢」、「虛實」、「進退」、「強弱」這些我們熟悉的對比，在太極中彼此有著起承轉合的微妙關係，而如何進行兩極的調和，正是太極不管作為武術或是養生運動，都努力追求的理想。

　　太極拳是以太極思想為主軸，所具體展現出來的一個能養生、健身、防身具體的活動，太極拳練習時要求「柔行氣，剛落點」，也就是說在柔緩練習之中要求以意導氣，以氣養身，在剛的練習時能發勁落點，防身剋敵。因此太極拳有柔緩的練習方法，也要能快速剛勁的練習，最後更能剛柔相濟的運用。「動靜交相養，陰陽得其平」可以說是太極拳養生的一個哲學思想，具體的來說太極拳在練習時動作是「動」，但是內心卻是平「靜」的，當外在動作是「靜」止時，內在的氣卻是不停的轉「動」著。太極拳體現了以開合虛實，輕沉遲速兼備互練為極致的精神。

一般人以為太極拳的柔和方式練習，運動量是否足夠使人到達健康的程度，現代認為有效的運動必須要超過30分鐘心跳達120次以上的活動，才算是對身體健康的運動。而太極拳是種很好的恆氧性運動，柔和的運動是身體的共振效果良好，有效強化內臟功能，隋唐時代的孫思邈是一位大醫王，而且長壽達102歲（一說141歲）。他曾提出養生運動的方式，在「千金要方・道林養性」提到「雖常服餌而不知養性之術，亦難以長生。養性之道，常欲小勞，但莫大疲及強所不能堪耳。且流水不腐，戶樞不蠹，以其運動故也」。我們從這一段話可以知道，運動過量並不適合養生之道，而且光靠藥物或是養生食品來養生是不足的，想要是養生效果加倍是需要適量的運動搭配。

太極拳常講「知己知彼」，這句話不僅是運用在武術的攻防技巧上，更重要的是在對自我的修正，對自我的認知，「知」是指覺知，先從知道自己開始，在練習太極拳時先觀察到自己每塊肌肉、骨骼如何運動？運動路線為何？在細細的體察到自己每一個動作，進而觀看到自己每一個念頭，從生理部分覺知到心理層面，由體調整到心裡。

因此太極的養生哲學不是單單的將自己身體做好保健，同時在身心靈上也要有一致協調的進步，不僅對於自己，對於自己周遭的家人、朋友如何和諧相處？自己人生如何圓滿和諧？宇宙是一個大太極，自己人身就是一個小太極，彼此協同相互輝映才是太極的養生哲學。

太極拳拳譜

24式太極拳拳譜

1. 起勢
2. 左右 野馬分鬃
3. 白鶴亮翅
4. 左右摟膝拗步掌
5. 手揮琵琶
6. 左右倒捲肱
7. 左攬雀尾
8. 右攬雀尾
9. 單鞭
10. 雲手
11. 單鞭
12. 高探馬
13. 右蹬腳
14. 雙風灌耳
15. 轉身左蹬腳
16. 左下勢獨立
17. 右下勢獨立
18. 左右穿梭
19. 海底針
20. 閃通背
21. 轉身搬攔捶
22. 如封似閉
23. 十字手
24. 收勢

古傳陳氏太極拳老架拳譜

1. 太極起勢
2. 金剛搗碓
3. 攬扎衣
4. 抱虎歸山
5. 單鞭
6. 金剛搗碓
7. 白鶴亮翅
8. 摟膝拗步
9. 斜形單鞭
10. 如封似閉
11. 摟膝拗步
12. 掩手捶
13. 金剛搗碓
14. 撇身捶
15. 背折靠
16. 指襠捶
17. 肘底看拳
18. 倒捲肱
19. 閃通背
20. 掩手拳
21. 抱虎歸山
22. 單鞭
23. 雲手
24. 高探馬
25. 右分腳
26. 左分腳
27. 雙風灌耳
28. 左蹬一跟
29. 前堂拗步
30. 擊地捶
31. 翻身踢二起
32. 懷中抱月
33. 旋風足
34. 雙風灌耳
35. 右蹬一跟
36. 千斤墜地
37. 掩手捶
38. 小擒拿
39. 抱頭推山
40. 抱虎歸山
41. 單鞭
42. 前招
43. 後招
44. 野馬分鬃
45. 搭手
46. 玉女穿梭
47. 攬扎衣
48. 抱虎歸山
49. 單鞭
50. 雲手
51. 雙擺足
52. 跌岔
53. 金雞獨立
54. 朝天蹬
55. 倒捲肱
56. 閃通背
57. 掩手捶
58. 抱虎歸山
69. 單鞭
60. 雲手
61. 高探馬
62. 十字足
63. 千斤墜地
64. 指襠捶
65. 白猿獻果
66. 抱虎歸山
67. 單鞭
68. 鋪地錦
69. 上步七星
70. 下步跨虎
71. 雙擺足
72. 當頭炮
73. 金剛搗碓
74. 合太極

李章智養生系列 301

太極太流行

作者◆ 李章智
總編輯◆ 李進文
責任編輯◆ 劉佳倩
影音製作◆ 台灣夢工場
美術設計◆ 不倒翁視覺創意工作室
攝影◆ 莊崇賢攝影工作室
發行◆ 未來書城股份有限公司
印刷◆ 中華彩色印刷股份有限公司
出版社◆ 未來書城股份有限公司
　　　　台北市南京東路五段 343 號 7 樓
客服專線◆ (02)2760-9996
傳真◆ (02)2760-6367
服務信箱◆ ebookcity@tomor.com
網址◆ http://www.ebook.tomor.com
總經銷◆ 聯合發行股份有限公司
　　　　新北市 23145 新店區寶橋路 235 巷 6 弄 6 號 4F
客服專線◆ (02)2917-8022
傳真◆ (02)2915-6275
網址◆ http://www.nh.com.tw/

初版四刷◆ 2011 年 5 月
定價◆ 新台幣 350 元
ISBN◆ 978-986-7943-99-6
版權所有　翻印必究

國家圖書館出版品預行編目資料

太極太流行 / 李章智作. -- 初版, 臺北市：未來
　書城, 2011.05印刷
　　面；　公分. -- (李章智養生系列; 301)
　ISBN 978-986-7943-99-6 (精裝)

　1. 太極拳　2. 運動健康
528.972　　　　　　　　　100003964